For Nourí
The 'light' of my life
Núr : Light : نور

Pronunciation Guide©

Persian	English	Pronunciation
أَ	a	**a**nt
آ	á	**a**rm
ب	b	**b**at
د	d	**d**og
اِ	e	**e**nd
ف	f	**f**un
گ	g	**g**o
ه	h	**h**at
ح	h	**h**at
ی	í	m**ee**t
ج	j	**j**et
ک	k	**k**ey
ل	l	**l**ove
م	m	**m**e
ن	n	**n**ap
أُ	o	**o**n
پ	p	**p**at
ق	q/gh*	me**r**ci
ر	r	**r**un
س	s	**s**un
ص	s	**s**un
ث	s	**s**un

Persian	English	Pronunciation
ت	t	**t**op
ط	t	**t**op
و	ú	m**oo**n
و	v	**v**an
ی	y	**y**es
ذ	z	**z**oo
ز	z	**z**oo
ض	z	**z**oo
ظ	z	**z**oo
چ	ch	**ch**air
غ	gh*	me**r**ci
خ	kh*	ba**ch**
ش	sh	**sh**are
ژ	zh	plea**s**ure
ع	'	uh-oh†

Englisi	Farsi
A a	أَ أَ أ
Á á	ا ا آ — 'alef
B b	ب بـبـب — Be
D d	د دد — dál
E e	اِ ـِ ـِ
F f	ف فـفـف — fe
G g	گ گـگـگ — gáf
H h	ه هـهـه — he
H h	ح حـحـح — he
Í í	ی یـیـی — ye
J j	ج جـجـج — jim
K k	ک کـکـک — káf
L l	ل لـلـل — lám

Englisi	Farsi
M m	م مـمـم — mím
N n	ن نـنـن — nún
O o	اُ ـُ ـُ
P p	پ پـپـپ — pe
Q q	ق قـقـق — qáf
R r	ر رر — re
S s	س سـسـس — sin
S s	ص صـصـص — sád
S s	ث ثـثـث — se
T t	ت تـتـت — te
T t	ط طـطـط — tá
Ú ú	و وو — váv
V v	و وو — váv

Englisi	Farsi
Y y	ی یـیـی — ye
Z z	ذ ذذ — zál
Z z	ز زز — ze
Z z	ض ضـضـض — zád
Z z	ظ ظـظـظ — zá
Ch ch	چ چـچـچ — che
Gh gh	غ غـغـغ — ghayn
Kh kh	خ خـخـخ — khe
Sh sh	ش شـشـش — shín
Zh zh	ژ ژژ — zhe
,	ع عـعـع — ayn

Letter Guide©

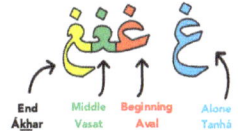

غ غـغـغ

End
Ákhar

Middle
Vasat

Beginning
Avel

Alone
Tanhá

The Persian A, B, D's
(because there is no C in Persian)

We want to simplify your Persian learning journey as it is such a unique & enigmatic language. There are 32 official Persian letters. The letters change form depending on their position in a word or when they appear separate from other letters. For example, the letter <u>gh</u>ayn غ has four ways of being written depending on where it appears in any given word:

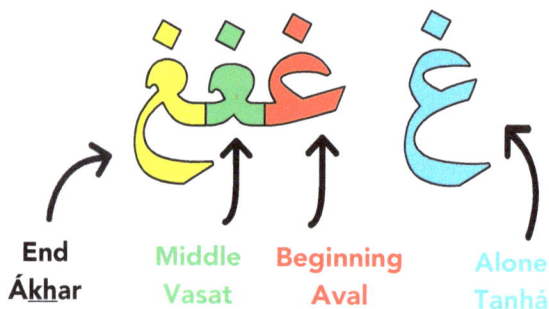

غفغـغـ غ

End	Middle	Beginning	Alone
Ákhar	Vasat	Aval	Tanhá

It is important to note that Persian books are read from right to left (←). There are 7 separate/stand-alone letters that do not connect in the same way to adjacent letters (these will not be depicted in red). They are:

Stand alone
Tanhá vámístan

ا د ذ ر ز ژ و

The short vowels a, e & o are usually omitted in literature and are depicted by markings above & below letters (ـُـَـ). They are not allocated a letter name, unlike their long vowel counterparts á: alef, í: ye & ú: váv (آ ی و).

white

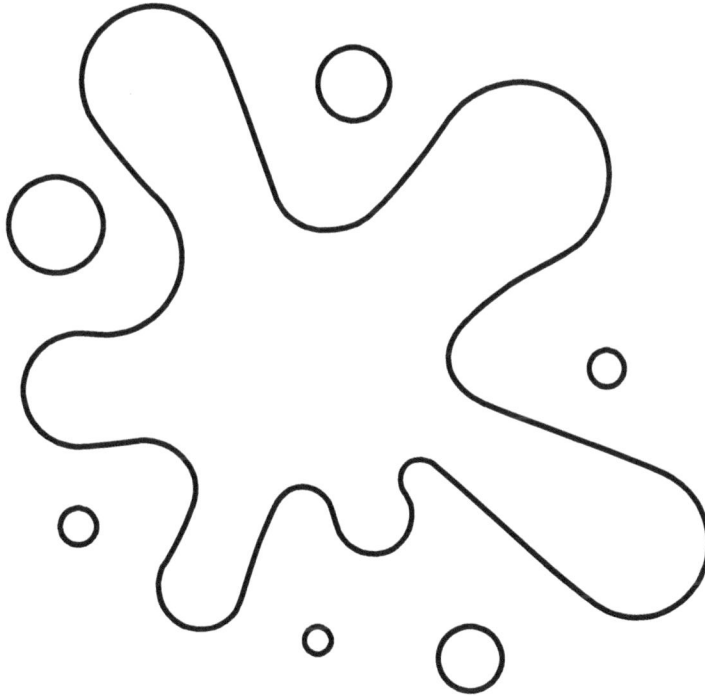

sefíd

سِفيد

í: as (ee) in m<u>ee</u>t

yellow

zard

زَرد

black

síáh

سیاه

í: as (ee) in m<u>ee</u>t

á: as (a) in <u>a</u>rm

black

meshkí

مِشکی

í: as (ee) in m<u>ee</u>t

red

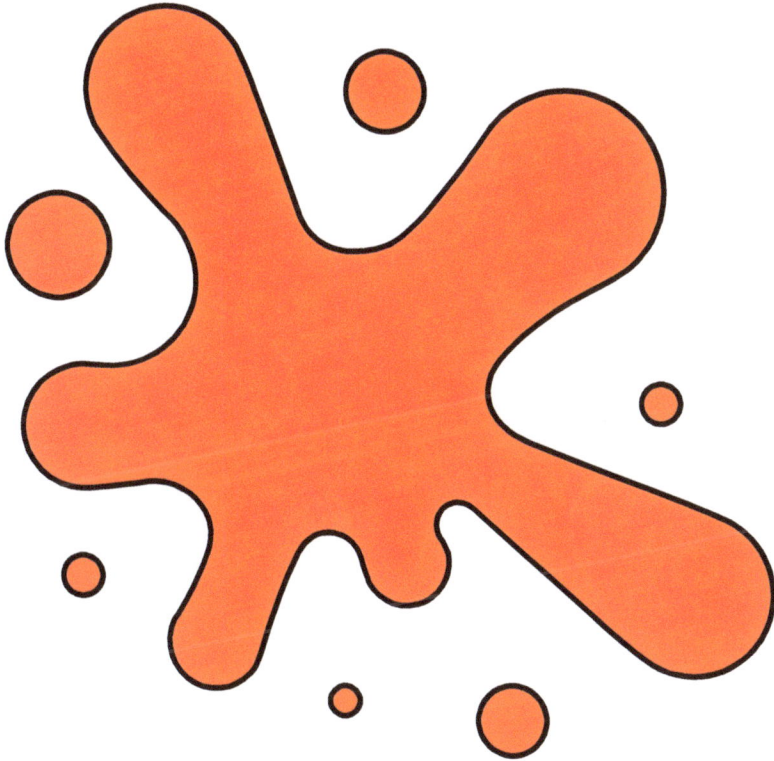

qermez

قِرمِز

red

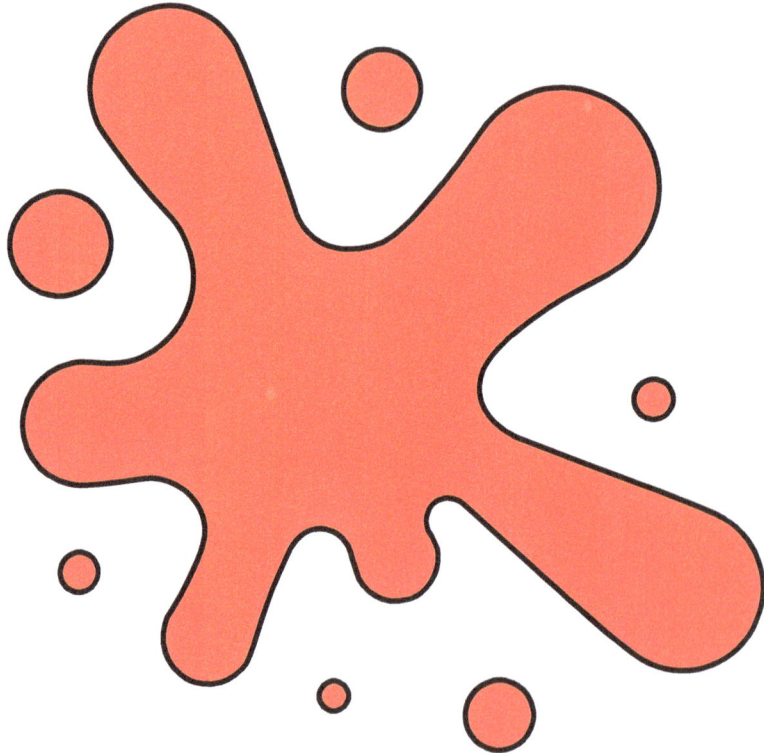

sorkh

سُرخ

brown

qahve í

قَهوِه ای

í: as (ee) in meet

[silent h / ه]

orange

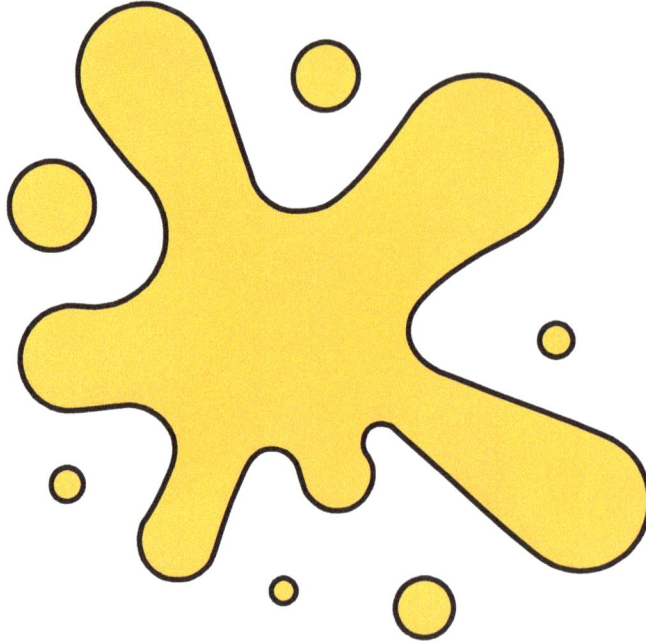

nárenjí

نارِنجی

á: as (a) in <u>a</u>rm
í: as (ee) in m<u>ee</u>t

blue

ábí

آبی

á: as (a) in <u>a</u>rm
í: as (ee) in m<u>ee</u>t

navy blue

[نیلی : indigo : nílí]

sorme í

سُرمِه ای

í: as (ee) in m<u>ee</u>t

[silent h / ه]

green

sabz

سَبز

pink

súratí

صورَتی

ú: as (oo) in m<u>oo</u>n
í: as (ee) in m<u>ee</u>t

purple/violet

banaf<u>sh</u>

بَنَفش

grey

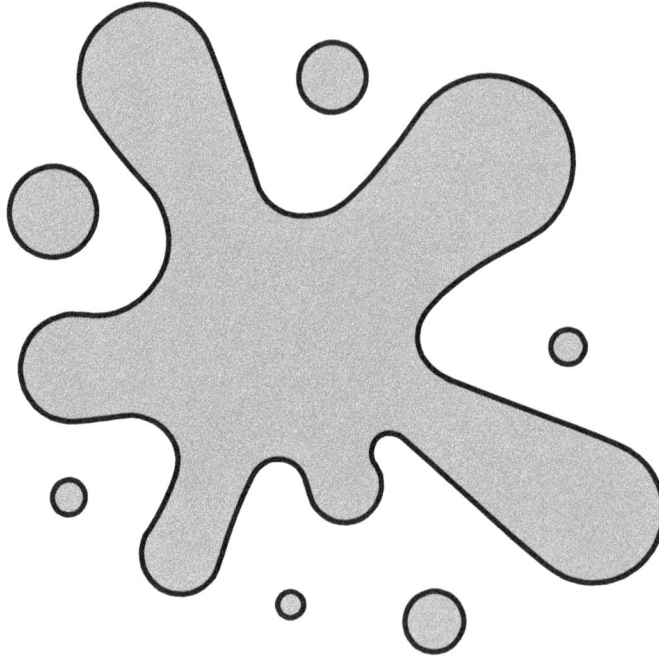

khákestarí

خاکِستَری

á: as (a) in <u>a</u>rm
í: as (ee) in m<u>ee</u>t

pale

kam rang
گَم رَنگ

bold

por rang

پُر رَنگ

gold

taláyí

طَلایی

á: as (a) in <u>a</u>rm

silver

noqre í

نُقرِه ای

[silent h / ه]

rainbow

rangín kamán

رَنگِین گَمان

í: as (ee) in m<u>ee</u>t
á: as (a) in <u>a</u>rm

English [Englísí]	Fínglísí	Persian [Fársí]
white	sefíd	سِفید
yellow	zard	زَرد
black	síáh	سیاه
black	mes<u>h</u>kí	مِشکی
red	qermez	قِرمِز
red	sor<u>kh</u>	سُرخ
brown	qahve í	قَهوِه ای
orange	nárenjí	نارِنجی
blue	ábí	آبی
navy blue	sorme í	سُرمِه ای
indigo	nílí	نیلی
green	sabz	سَبز
pink	súratí	صورَتی
purple/violet	banaf<u>sh</u>	بَنَفش
grey	<u>kh</u>ákestarí	خاکِستَری
gold	taláyí	طَلایی
silver	noqre í	نُقرِه ای
rainbow	rangín kamán	رَنگِین گَمان